DÉFENSE ET PRISE

DU

CHATEAU DE BADAJOZ

A L'ASSAUT DU 6 AVRIL 1812,

Par PAUL WESTERWELLER D'ANTHONY,

Lieutenant d'infanterie au service de S. A. R. le grand-duc de Hesse.

EXTRAIT DU SPECTATEUR MILITAIRE.

DÉCEMBRE 1858.

PARIS,

IMPRIMERIE DE L. MARTINET,

RUE MIGNON, 2.

1858.

DÉFENSE ET PRISE
DU CHATEAU DE BADAJOZ

A L'ASSAUT DU 6 AVRIL 1812.

> La vérité, cette lumière du Ciel, est la seule chose
> ici-bas qui soit digne des soins et des recherches de
> l'homme. Tous nos soins devraient donc se borner à
> la connaître, tous nos talents à la manifester, tout notre
> zèle à la défendre.   BOSSUET.

Sur le champ de bataille, le soldat s'élève jusqu'à l'héroïsme en mourant pour la gloire et pour la patrie. Lorsqu'il a vaillamment combattu, versé son sang sur la terre étrangère, eût-il eu le malheur de succomber, il mérite encore le titre de héros, et le sentiment de la justice lui donne au moins un souvenir glorieux, seule récompense possible. L'histoire consacre cette récompense, et ce n'est qu'avec des preuves irréfragables qu'elle aurait le droit de suspecter la fidélité de troupes ayant suivi leurs alliés loin de leur pays, et sacrifié à leur devoir leur vie ou leur liberté.

Quel nom donner à l'écrivain qui, obéissant à une idée préconçue et fausse, jette en passant un soupçon sur l'honneur et la loyauté d'hommes morts glorieusement à leur poste?

C'est cependant ce qu'a fait M. Thiers dans le **XIII**e volume de l'*Histoire du Consulat et de l'Empire*, en décrivant de la manière suivante l'attaque et la prise du château de Badajoz :

« A la droite de l'attaque, le général Picton, avec
» une rare intrépidité, avait fait appliquer les échelles
» contre l'un des flancs du château. Des Hessois
» étaient préposés à sa garde. Soit surprise, trouble
» ou infidélité, ils laissèrent envahir le précieux ré-
» duit confié à leur courage et à leur loyauté, et un
» officier anglais se jetant aussitôt sur les portes qui
» donnaient dans la ville se hâta de les fermer, afin
» de s'établir solidement dans le château avant que
» les Français eussent le temps d'y accourir. »

Ce jugement sévère ne peut pas être porté par M. Thiers lui-même, car il n'oserait pas accuser de ces crimes des soldats qui ont préféré le sacrifice de leur liberté ou de leur vie à la trahison de leur cause. Nous ne voulons pas faire des reproches à M. Thiers. Nous ne voulons pas chercher où il a trouvé les documents faux et mensongers dont il s'est servi. Nous ne voulons que défendre devant le public l'honneur du soldat hessois; nous voulons démontrer que le siége et même la prise de Badajoz ont seulement pu augmenter la gloire du nom hessois, qui date de trop longtemps pour souffrir d'une calomnie, fût-elle due à la plume d'un écrivain comme M. Thiers.

Le régiment hessois, à présent le 4ᵉ régiment de ligne, qui se trouvait à Badajoz, était fort de 910 hommes, et formait ainsi presque un quart de la faible garnison de 4,000 hommes commandée par le général français Philippon.

Le colonel du régiment hessois avait reçu l'ordre de défendre le château, et si on lui avait laissé tout son régiment, ou seulement tout un bataillon, les Anglais n'auraient jamais pris cet ouvrage; mais de 900 hommes on ne lui laissa que 24 musiciens, 85 soldats, et on ne lui donna, en outre, que 25 Français. On ne se doutait pas d'une attaque contre le château, on le croyait tout à fait en sûreté.

Wellington avait bien reconnu ce point faible dans l'enceinte, et il y dirigea une division de 3,000 hommes, commandée par le général Picton; les deux autres divisions furent dirigées contre les brèches et plusieurs fois repoussées; tous les auteurs sont d'accord sur la glorieuse défense de ces brèches, mais on ne dit pas que de 700 défenseurs 400 furent des Hessois, et que le commandement était partagé entre le chef de bataillon Barbot, du 84ᵉ de ligne, et le chef de bataillon Meister, du régiment hessois. La longueur de ces brèches, qui se trouvaient dans les bastions 6 et 7 et dans la courtine entre ces deux bastions, était de 500 *pieds*, et 700 hommes étaient destinés à leur défense, tandis que le château, l'ancienne citadelle de la forteresse, avait une enceinte de 600 *pas*, qui devait être défendue par 125 hommes.

Après la prise de Badajoz, le régiment hessois de 910 hommes avait 120 morts, 300 blessés et 450 furent conduits comme prisonniers en Angleterre, et la plupart portaient des blessures légères. De toute la garnison il y eut 20 officiers tués, dont 4 Hessois, et 35 blessés, dont 12 Hessois. Les autres officiers français et hessois furent conduits en captivité sur parole à Llanfilling, province de Montgomery, ce qui n'empêcha pas le général Philippon et son aide-de-camp de s'évader.

Le chef de bataillon au corps impérial d'artillerie Lespagnol, sous-directeur à Badajoz, et le capitaine au corps impérial du génie Lefaivre, tous deux prisonniers, ont rédigé sur la défense de cette place un rapport (1) qui a été signé par trois colonels, cinq chefs de bataillon, et quarante-deux capitaines et lieutenants, qui formaient la majorité du corps d'officiers de la garnison, et adressé le 5 août 1812 à Son Exc. le ministre de la guerre à Paris. Il y a dans ce rapport des renseignements précis sur la défense de Badajoz, et on y trouve plusieurs passages favorables aux Hessois, mais nous ne citerons que le suivant :

« C'était le colonel du régiment de Hesse qui com-

(1) Ce rapport est imprimé dans le troisième cahier de *Zeitschrift für Kunst, Wissenschaft und Geschichte des Kriegs*, Berlin, 1857, et le n° 3 du *Nouveau journal militaire*, Darmstadt, 1857, nous prouve que l'original a été remis en 1812 à Son Exc. le ministre de la guerre.

» mandait le château ; il n'avait que 100 hommes, y
» compris 24 musiciens de son régiment : c'était
» trop peu pour garder un ouvrage d'une aussi grande
» étendue, ayant le projet surtout de s'y retirer dans
» le cas où la place serait enlevée. Des vivres y
» avaient été portés. Il est fort malheureux que l'on ait
» retiré le bataillon du 103ᵉ, qui, avant l'assaut, a été
» en réserve sur une place près le château, parce que
» le colonel de Hesse aurait pu en tirer facilement 50 à
» 60 hommes. C'était plus qu'il n'en fallait pour gar-
» der quatre ou cinq embrasures désarmées par les-
» quelles montaient les ennemis. Plusieurs officiers
» allemands, après une longue résistance, furent hors
» de combat. M. le chef de bataillon Schmalkalder
» fut tué. »

La description la plus détaillée de l'assaut et de
la prise du château se trouve dans l'ouvrage anglais :
*Memoirs of lieutenant-general sir Thomas Picton
G. C. B...*, *including his correspondence, from origi-
nals in possession of his family*, by H. B. Robinson
(2 vol., London, 1833, Bentley). Nous en avons
traduit la partie la plus intéressante :

« Une balle avait frappé Picton à l'aine, un peu au-
dessous de sa montre, pendant qu'il conduisait ses
soldats au pied des remparts. Un officier distingué,
qui se trouvait à côté de lui au moment même, et
auquel nous devons bien des obligations pour les
informations très intéressantes qu'il nous a fournies
sur les événements de cette nuit, suppose que la balle

avait d'abord frappé la terre ; mais pourtant le coup était fort.

» Picton ne tomba pas et ne perdit pas de sang, mais, ayant été conduit sur le glacis, il devint extrêmement faible et presque sans connaissance.

» Il resta dans cet état pendant près de vingt minutes ; quand les douleurs eurent diminué quelque peu, il refusa les soins du médecin, et se porta en avant pour diriger l'attaque. Il vit alors ses hommes s'avancer entre les mourants et les morts, pendant que le feu continuel les abattait ; il put aussi remarquer qu'ils n'avaient pas encore rendu de coups, car dans ce laps de temps les défenseurs avaient à peine perdu un homme. Les soldats de Picton furent effrayés du feu meurtrier qui tombait sur eux, mais ils écoutaient leur général, qui les exhortait d'une voix calme et énergique à ne pas déserter et à faire encore un effort : « Si nous ne pouvons prendre le » château, s'écriait-il, allons mourir sur les remparts. » Ce peu de mots-là suffit ; d'autres échelles furent dressées contre les créneaux d'une autre partie du mur, et des centaines d'hommes s'avançaient pour y monter, lorsque le combat recommença. Cette partie du mur n'était pas tout à fait aussi haute. Là aussi le colonel Ridge, du 45ᵉ régiment, qui s'était si brillamment distingué à Ciudad-Rodrigo, fut le premier. A peine une échelle fut-elle fixée aux créneaux qu'il se jeta en avant, et monta les échelons suivi de ses braves et dévoués soldats. Il arriva si rapidement en haut, et l'échelle chargée d'hommes pressa tellement contre le rempart que les défenseurs qui se trouvaient sur ce point ne purent la renverser. Mais qui pouvait espérer arriver vivant sur la crête? Les ennemis étaient alors concentrés autour de l'échelle pour tirer sur chaque homme qui se montrait; il fallait passer à travers les piques, les baïonnettes et le feu continuel des fusils avant d'arriver au rempart. Mais pourtant Ridge s'avança, défendant sa tête à l'aide de son épée, et ceux qui étaient sur les premiers échelons croisaient leurs baïonnettes pour le protéger. D'autres échelles furent encore dressées, et avec plus de succès; l'ennemi, à son tour, fut paralysé par la résolution inébranlable des assaillants. Le désespoir sembla alors s'emparer des défenseurs, parce qu'ils se voyaient incapables de repousser les assaillants; on pouvait même supposer qu'ils étaient fatigués de tuer; il est bien certain que leurs efforts devenaient plus faibles, car Ridge, Canch et plusieurs autres gagnaient de la place sur le rempart.

» Alors, pour la première fois pendant la nuit, la chance se tourna du côté des assaillants. Une escalade continuelle des soldats occupait les échelles. L'ennemi n'opposait déjà plus qu'une faible résistance quand le rempart fut pris. Cette conquête avait coûté cher aux vainqueurs, mais les défenseurs payèrent d'un prix sanglant l'injure qu'ils avaient faite. On ne pouvait espérer que peu de grâce de la

part d'hommes rendus si furieux par le désappoin-
tement.

» Peu, très peu de ceux qui avaient aidé à élever
le monceau des cadavres, qui alors comblaient
presque le fossé, restèrent pour se vanter de leurs
actions.

» La blessure que Picton avait reçue l'empêcha de
monter à l'échelle et d'entrer dans le château ; il fut
forcé, par conséquent, de rester dans le fossé, mais
il n'était pas inactif ; car, rassemblant toutes les
troupes en désordre, il leur donna l'ordre de monter
sur les remparts, et de cette manière envoya dans le
château des forces puissantes pour coopérer avec
celles qui en avaient pris possession, et résister
à tous les efforts que faisait l'ennemi pour le re-
prendre. »

Ces deux rapports sont faits par des témoins ocu-
laires ; il est bien naturel que les historiens s'expri-
ment à peu près dans le même sens.

Dans le XXIe volume des *Victoires et conquêtes
des Français*, publié par une Société de militaires et
de gens de lettres à Paris en 1820, on lit page 27 :

« Pendant que ce terrible assaut était repoussé aux
trois brèches principales, la division chargée de l'attaque du château ne rencontrait pas une résistance
moins opiniâtre. L'ennemi voyait tomber ses meil-
leurs soldats, qu'il remplaçait aussitôt par d'autres,
sans rien diminuer de la vivacité de son attaque. Le
nombre finit par l'emporter sur la valeur ; les An-

glais, pressés les uns sur les autres, s'aidèrent de leur perte en montant sur les cadavres, et parvinrent à se loger sur le sommet de la muraille du château. Elle était entièrement dégarnie; le petit nombre de braves placés à ce poste n'existait plus, et la mort seule avait arrêté leur défense. »

L'ouvrage anglais du lieutenant-colonel Napier, *Histoire de la guerre de la Péninsule de* 1807 *à* 1814, a été traduite par M. le lieutenant-général comte Mathieu Dumas. On trouve dans le volume VIII, page 138, la relation suivante de l'assaut :

« Tout à coup une vive lumière et le bruit de la fusillade annoncèrent que le combat s'engageait au château, et avec plus de violence. Le général Kempt y avait conduit la 3ᵉ division; car Picton, ayant fait une chute dans le camp, et ne s'attendant pas que l'heure serait changée, ne se trouvait pas là. Kempt avait passé le Rivillas sur un pont étroit, par simples files, et sous un feu terrible de mousqueterie; il avait ensuite reformé ses rangs, et gravi au pas de course la hauteur sur laquelle le château était situé; il atteignait le pied de la muraille lorsqu'il tomba dangereusement blessé. Comme on le rapportait dans la tranchée, il rencontra Picton qui se hâtait d'aller prendre le commandement.

» En même temps les troupes de la 3ᵉ division s'étaient développées sur le front du château, et dressaient leurs lourdes échelles soit contre les hautes murailles, soit contre le front de gauche, et grim-

paient avec un courage incroyable sous une pluie de
lourdes pierres, de pièces de bois, de grenades et de
bombes enflammées, pendant que de ses deux flancs
l'ennemi faisait un feu continuel de mousqueterie, et
que, sur son front, il frappait avec la pique, avec la
baïonnette ceux des assaillants qui arrivaient près de
lui, ou bien il culbutait les échelles en poussant des
cris assourdissants, qui se mêlaient au craquement
des bois, aux plaintes des blessés, à l'éclat des pro-
jectiles, au bruit sourd des corps pesants précipités
sur les colonnes d'attaque.

» Pourtant ces intrépides soldats se rassemblent
en foule autour des échelles qui leur restent, et se
disputent à qui montera le premier, jusqu'à ce
qu'enfin toutes se trouvent renversées; les Français
(c'est-à-dire les Hessois) poussent alors des cris de
victoire, et les Anglais, déconcertés, mais non pas
vaincus, reculent seulement de quelques pas sous la
crête de l'escarpement du mamelon, ce qui les ga-
rantit un peu des atteintes de l'ennemi. Quand leurs
rangs sont à demi-reformés, l'héroïque colonel Ridge
s'élance en avant, commandant d'une voix de stentor
à ses hommes de le suivre, et, saisissant une échelle,
il la dresse contre le château, mais cette fois à droite
de la première attaque; là le mur est plus bas, et
une embrasure offre quelque facilité. Une seconde
échelle est bientôt placée tout auprès par Canch, officier de grenadiers, et en un instant Canch et Ridge
sont sur le rempart. Les troupes se pressent à grand

bruit sur leurs pas, et la garnison, surprise, étonnée, recule en combattant, et est repoussée sur la double porte qui conduit dans la ville.

» Les Français envoyèrent aussitôt un renfort pris sur la réserve, et un combat très vif s'engagea des deux côtés de la grille ; l'ennemi se retira enfin ; mais Ridge n'existait plus, et personne n'était mort avec plus de gloire ; pourtant cette nuit-là il périt beaucoup de monde, et il y eut aussi beaucoup de gloire. »

Le jugement général qui se trouve à la fin de la description de l'assaut est ainsi conçu :

« Ce serait une fausseté insigne que de chercher à objecter que les Français ne se montrèrent peut-être pas dignes d'eux ; la garnison fit preuve de bravoure, de constance, observa la plus rigoureuse discipline, et sut mourir à son poste. De la honte ! il n'y en eut d'aucun côté. »

Par ces différents rapports, il est assez bien prouvé que la faible garnison du château ne fut ni *surprise* ni *troublée*, et qu'elle ne manqua ni de courage ni de bonne volonté pour défendre un ouvrage aussi étendu. Si M. Thiers a voulu exprimer des soupçons sur la fidélité des Hessois, il avait probablement oublié que ces braves soldats vivaient aux bords du Rhin et du Main, qu'ils avaient quitté leur patrie en 1808 pour suivre leurs alliés, les Français, en Espagne, et pour y donner comme partout, durant quatre ans, des

preuves glorieuses de leur bravoure, de leur dévoue-
ment et de leur discipline. C'est abuser de la crédulité
du lecteur que de chercher à lui faire croire que
100 hommes de ce régiment hessois, après s'être si
vaillamment battus et avoir tué bon nombre d'Anglais, devinrent des traîtres, pour être conduits
comme prisonniers aux pontons anglais.